BEI GRIN MACHT SICH IHR WISSEN BEZAHLT

AF151063

- Wir veröffentlichen Ihre Hausarbeit, Bachelor- und Masterarbeit

- Ihr eigenes eBook und Buch - weltweit in allen wichtigen Shops

- Verdienen Sie an jedem Verkauf

Jetzt bei www.GRIN.com hochladen und kostenlos publizieren

Kurt Rüdinger

Die Übersetzung deutscher Spasslyrik ins Spanische

Kriterien bei der Textauswahl für eine aussagefähige Anthologiebildung

GRIN Verlag

Bibliografische Information der Deutschen Nationalbibliothek:

Die Deutsche Bibliothek verzeichnet diese Publikation in der Deutschen National-
bibliografie; detaillierte bibliografische Daten sind im Internet über http://dnb.d-
nb.de/ abrufbar.

Dieses Werk sowie alle darin enthaltenen einzelnen Beiträge und Abbildungen
sind urheberrechtlich geschützt. Jede Verwertung, die nicht ausdrücklich vom
Urheberrechtsschutz zugelassen ist, bedarf der vorherigen Zustimmung des Verla-
ges. Das gilt insbesondere für Vervielfältigungen, Bearbeitungen, Übersetzungen,
Mikroverfilmungen, Auswertungen durch Datenbanken und für die Einspeicherung
und Verarbeitung in elektronische Systeme. Alle Rechte, auch die des auszugsweisen
Nachdrucks, der fotomechanischen Wiedergabe (einschließlich Mikrokopie) sowie
der Auswertung durch Datenbanken oder ähnliche Einrichtungen, vorbehalten.

Impressum:

Copyright © 2013 GRIN Verlag GmbH
Druck und Bindung: Books on Demand GmbH, Norderstedt Germany
ISBN: 978-3-656-49733-2

Dieses Buch bei GRIN:

http://www.grin.com/de/e-book/233045/die-uebersetzung-deutscher-spasslyrik-ins-
spanische

GRIN - Your knowledge has value

Der GRIN Verlag publiziert seit 1998 wissenschaftliche Arbeiten von Studenten, Hochschullehrern und anderen Akademikern als eBook und gedrucktes Buch. Die Verlagswebsite www.grin.com ist die ideale Plattform zur Veröffentlichung von Hausarbeiten, Abschlussarbeiten, wissenschaftlichen Aufsätzen, Dissertationen und Fachbüchern.

Besuchen Sie uns im Internet:

http://www.grin.com/

http://www.facebook.com/grincom

http://www.twitter.com/grin_com

Die Übersetzung deutscher Spaßlyrik ins Spanische. Kriterien bei der Textauswahl für eine aussagefähige Anthologiebildung

KURT RÜDINGER

Universidad de Sevilla
Sevilla (España)

Zusammenfassung

Wenn schon über der Lyrikübersetzung im Allgemeinen das bekannte Verdikt des *traduttore – traditore* stets schwebt wie ein Damoklesschwert, so scheint die Schlimmeres verhindernde Haltekraft des zugehörigen Pferdehaars im Bereich der Spaßlyrik endgültig überfordert zu sein. Lassen sich die in der übrigen Lyrik zum Ausdruck gebrachten „großen Gefühle" mit etwas Geschick und eventuellen idiomatisch naheliegenden Modifikationen in der Metrik und/oder Metaphorik *grosso modo* auch ästhetisch halbwegs befriedigend in die Zielsprache hinüberretten, so basiert die Komik mancher Spaßlyrikerzeugnisse häufig in der Vertextung einer zufällig lustigen Koinzidenz bestimmter Aussageelemente in der Ausgangssprache, für die sich in der Zielsprache womöglich definitiv kein adäquater Ausdruck findet (z.B. Heinz Erhardt: „Lasst uns den Abend genießen. Genossen – wir doch selten einen so schönen...") oder denken wir an Jandels Gedicht „Ottos Mops kotzt", bei dem sich wohl weniger die Frage stellt, wie es in eine bestimmte Sprache zu übersetzen sei als vielmehr die, in welcher der verbleibenden Sprachen der Welt sich dieses kleine Juwel der Nonsenslyrik überhaupt ohne Totalverlust seines komischen Gehalts wiedergeben lässt. Man könnte nun einfach den Schluss ziehen, diese Literaturuntergattung kategorisch aus dem Kanon potenzieller Übersetzungsgegenstände auszugrenzen, wenn dabei nicht allerhand an interkultureller Verständigung preisgegeben würde. Robert Gernhardt, selbst einer der bedeutendsten Vertreter der angesprochenen Zunft, hat deutlich gemacht, dass die nahezu sprichwörtliche Humorlosigkeit der Deutschen, zwar durch das weitgehende Fehlen komischer Werke im Bereich der großen Literaturgenres (Theater, Prosa) scheinbar bestätigt sei, dass dieser Eindruck aber durch eine in kaum einer Nachbarsprache erreichte, überbordende Spaßlyrikproduktion hinreichend konterkariert sei. Für eine differenziertere interkulturelle Kommunikation ergibt sich daraus die Aufgabe, zumindest exemplarisch Kostproben dieses unvermuteten deutschen Wesenszugs zu übermitteln. Da die angedeuteten Schwierigkeiten durch guten Willen allein nicht aus der Welt zu schaffen sind, scheint es uns angeraten, ein paar grundsätzliche Kriterien für Übersetzungstauglichkeit bzw. Untauglichkeit von Spaßlyriktexten herauszuarbeiten und dementsprechend auch den einen oder anderen Übersetzungsvorschlag zur Debatte zu stellen.

1. Vorbemerkungen

Über Wert und Unwert literarischer Übersetzung wurde und wird allerortens munter gestritten. Ohne hier tiefer in diese Debatten eingreifen zu wollen, lässt sich indes mit dem zeitgemäßen Begriff der Interkulturellen Kommunikation ein wesentlicher, überindividueller Vorzug dieser polemischen Aktivität hervorheben: Besagte Völkerverständigung würde nämlich ohne übersetzerische Tätigkeit nur noch als Marginalie stattfinden. Gemäßigte Übersetzungskritiker würden an dieser Stelle einlenken und für den Prosabereich eine Freigabe erteilen und diese gegebenenfalls noch eingeschränkt auf lyrische Erzeugnisse ausdehnen, aber komische Lyrik? – Da hört der Spaß auf! Die Einwände liegen auf der Hand und klingen auf den ersten Blick auch einleuchtend: Während im Prosa- wie im "ernsten" Lyrikbereich davon auszugehen ist, dass die darin verarbeiteten Themen, Gefühle, etc. zumindest auch in zwar anderssprachigen aber nicht komplett fernen Kulturen über affine sprachliche Ausdrucksmittel verfügen, die sich mit etwas Geschick häufig, nicht immer, auch in formale Äquivalenzen bringen lassen, scheint der Bereich der Spaßlyrik derartig untrennbar mit den idiomatischen Bedingungen der Ausgangssprache verwoben zu sein, dass entweder Form oder Inhalt beim Übersetzen verloren gehen. Oft ist es wohl sogar so, dass das Unterdrücken eines Kriteriums das andere gleich mitliquidiert.[1] Also besser gleich davon Abstand nehmen? Heroischer Verzicht soll manchmal nobler sein als kleinkarierte Insistenz. Wenn nicht damit allerhand auf dem Spiel stünde, wie Robert Gernhardt, selbst einer der größten Vertreter des Genres in der jüngeren Vergangenheit, in seinem mit Zehrer gemeinsam herausgegebenen Sammelband zu 500 Jahren deutscher Spaßlyrik zu Bedenken gibt (Gernhardt/Zehrer, 2004: 14). Er spricht gleich von einem "deutschen Sonderweg zur Hochkomik", "geeignet":

… den düsteren Vorwurf fehlender deutscher epischer oder dramatischer Komik zu überstrahlen und das finstere Bild vom humorlosen, ja zum Humor unfähigen Deutschen […] für alle Zeiten aufzuhellen.

Der Deutsche ein humorloser Klotz – fürwahr ein ernster Affront, dem man eigentlich nur durch Spaß begegnen kann. Wenn den allerdings keiner versteht, dann hilft wohl doch nur übersetzen. Aber wie? Die scheinbare Absolution Kollers (1992: 178) kann uns nicht wirklich trösten:

---

[1]Wenn wir an späterer Stelle die zwangsläufig interlineale spanische Deglossierung von Erhardts "Kabeljau" betrachten, so stellt sich in der Tat die Frage, was daran witzig sein soll.

In gleicher Weise, wie das Verstehen eines Textes nie absolut sein kann, sondern immer nur relativ und veränderlich, ist auch die *Übersetzbarkeit eines Textes immer relativ.*"

Wenn es um nicht und nicht weniger als die Fremderkenntnis deutscher Humorfähigkeit überhaupt geht, muss die Qualität des Übersetzungsprodukts schon im Stande sein, wenigstens von der Existenz des angesprochenen Wesenszugs zu überzeugen, was wohl nur dann als gelungen betrachtet werden kann, wenn das Zusammenspiel von Form und Inhalt in etwa dem des Originals nahekommt. Auf Grund des oben Gesagten ist jedoch klar, dass unter diesen verschärften Bedingungen die Übersetzbarkeit eines bestimmten Textes in eine bestimmte Sprache kräftig vom Zufall mitbestimmt wird. Das bedeutet dann aber, dass Vorhaben wie die rigurose Übersetzung von Gesamtwerken von vornherein zum Scheitern verurteilt sein dürften. Der Transfer hätte sich auf günstig gelegene Stichproben zu beschränken, die ihrerseits, wie noch zu sehen sein wird, genügend spezifischen Problemen ausgesetzt sein werden. Daher ist der von uns gewählte Anthologiebegriff von der einen Seite her von der Übersetzbarkeit eines Textes in die jeweilige Zielsprache determiniert, sollte aber nach der anderen Seite hin auch im Stande sein, ein Einzelautoren und Epochen überschreitendes Abbild deutscher Spaßlyrik abzuliefern. Wie weit dieser Rahmen zu spannen ist, hängt wiederum von vielen äußeren - z.B verlegerischen – Gesichtspunkten ab, die nicht Gegenstand dieser Untersuchung sein können. Für die konkrete Übersetzungsarbeit und ihre notgedrungen verräterischen Umtriebe halten wir uns im Wesentlichen an die Orientierungs- und Evaluierungskriterien, die wir selber in einer früheren Veröffentlichung herausgearbeitet haben: Rüdinger (2005: 180):

Conclusión: Según los criterios arriba plasmados distinguimos dos tipos fundamentales de traición en la traducción literaria:
-      La traición de arte
-      La traición con arte

Dentro de cada tipo identificamos tres clases de 'infracción':

-      La traición útil
-      La traición improcedente
-      El fallo común

Es versteht sich von selbst, dass für unsere Anstrengungen die Kriterien "traición con arte" und "traición útil" ausschlaggebend sein sollten. Auch wenn das nicht immer gelungen ist, sehen wir uns doch in der Linie des "guten Optimisten" nach Ortega y Gasset (1987:26):

4

El buen optimista, en cambio, piensa que *puesto* que sería deseable libertar a los hombres de la distancia impuesta por las lenguas, no hay probabilidad de que se pueda conseguir; por tanto, que sólo cabe lograrlo en medida aproximada. Pero esta aproximación puede ser mayor o menor…, hasta el infinito, y ello abre ante nuestro esfuerzo una actuación sin límites en que siempre cabe mejora, superación, perfeccionamiento; en suma:<progreso>.

2. Zur Textauswahl und Anordnung

Im nächsten Kapitel werden wir vier Fallstudien aus der eigenen Werkstatt vorstellen, die ohne irgendeinen Anspruch auf Vollständigkeit den oben erwähnten anthologischen Dimensionen entsprechen, das heißt, durch die Auswahl der vier Autoren Ringelnatz, Morgenstern, Erhardt und Gernhardt wird ein gutes Jahrhundert deutscher Spaßlyrik prominent repräsentiert[2]. Auf der traduktologischen Ebene stehen die vier gewählten Texte für unterschiedliche Schwierigkeiten, bzw. Umgangsweisen damit.

Die Anordnung ist nicht chronologisch sondern übersetzungstechnisch begründet. Wir gehen dabei in aufsteigender Linie vor, das heißt vom übersetzungstechnisch einfachsten zum widerstrebendsten Text. Diese Graduierung von Schwierigkeit ist dabei als eine zu verstehen, die von uns selbst so wahrgenommen wurde. Sie bezieht sich weder auf eine entsprechende Abstufung der Ausgangstexte noch müsste sie von anderen Übersetzern gleichermaßen so empfunden werden. Sie ist andrerseits aber auch nicht komplett willkürlich, sondern ergibt sich aus einer Bewertung der in jedem Fall in die Zielsprache zu übertragenden Komponenten seien sie formaler, inhaltlicher oder performativer Art.

---

[2] Dass Erich Kästner, Eugen Roth und andere nicht zur Sprache kommen, hat nichts mit Missachtung ihrer Beiträge zu tun. Im Gegenteil in einer aussagefähigen Anthologie in unserem Sinne hätten sie einen unverzichtbaren Stammplatz!

3. Die Fallstudien

3.1 Joachim Ringelnatz – "Die Schnupftabaksdose"

Nach unserer Einschätzung ein Beispiel für relativ leichte Übersetzbarkeit, was wir vor allem darauf zurückführen, dass mit Ausnahme des "Alten Fritz" eigentlich keine Realia zur Sprache kommen, die absolut ausgangskulturgebunden wären. Die fiktive Kommunikationssituation einer eingebildeten Tabaksdose und eines prosaisch-pragmatisch orientierten Holzwurms mag zwar skurril sein, lässt sich haber u.E. mit zielsprachlichen Mitteln auch unter Beibehalt der lyrischen Form ohne weiteres darstellen, zumal die Sprache im Ausgangstext durchaus nüchtern, ohne besondere Wortspiele daherkommt. Dass die Silbenzahl im Deutschen und Spanischen differiert, stört nach unserem Eindruck das "Klangerlebnis" nicht wirklich. Dass die Frageform des deutschen Schlussverses im Spanischen durch eine Exklamation ersetzt wird, macht pragmatisch keinen Unterschied, hilft aber die Reimform zu retten → "traición útil".

Joachim Ringelnatz **Die Schnupftabaksdose**				Kurt Rüdinger **La tabaquera**
Es war eine Schnupftabaksdose,	A(9)	A(12)		Érase una vez una tabaquera,
Die hatte Friedrich der Große	A(8)	A(12)		La cual Federico Magno de madera
Sich selber geschnitzelt aus Nussbaumholz	B(10)	B(12)		De nogal se la había hecho a mano
Und darauf war sie natürlich stolz.	B(9)	B(12)		Y eso la hinchó de orgullo vano.
	C(8)	C(10)		Vino de pronto una carcoma.
Da kam ein Holzwurm gekrochen,				
Der hatte Nussbaum gerochen.	C(8)	C(13)		El nogal la atraía por su aroma.
Die Dose erzählte ihm lang und breit	D(9)	D(11)		Le charló sin parar la tabaquera
Von Friedrich dem Großen und seiner Zeit.	D(10)	D(12)		De Federico Magno y de su era.
	E(10)	E(10)		Llamó al viejo "Fritz" generoso.
Sie nannte den alten Fritz generös.	E(10)	E(10)		El bicho ya se puso nervioso
Da aber wurde der Holzwurm nervös	F(11)	F(10)		Y dijo al clavar el colmillo:
Und sagte, indem er zu bohren begann:	F(9)	F(13)		"Federico me importa un pepinillo!"
"Was geht mich Friedrich der Große an!"				

Ringelnatz (1912)

3.2 Robert Gernhardt – "Der Mördermarder"

Im Vordergrund dieses wundervollen Nonsensgedichts von Robert Gernhardt stehen zweifellos die assonanzbedingten Wortspiele mit *Mardermörder – Mördermarder* und *Martermarder*. Dies in Verbindung mit den flotten Paarreimen verleiht dem Gedicht eine fast zungenbrecherische Dynamik, an deren Beibehalt einer Übersetzung natürlich in erster Linie gelegen sein sollte. Es ist ein glücklicher Zufall, dass die wörtliche Übersetzung der obigen Triade ins Spanische diese Wirkung ein gutes Stück beibehält: *Matamartas – Marta matón – Marta mártir*. Da Paarreime im Spanischen ohnehin leicht zu bilden sind, lässt sich letztes Endes der alliterativ zügige Grundton des Originals ganz gut abbilden. Auch hier überwiegt die Silbenzahl in der spanischen Version, jedoch noch weniger auffällig als bei dem Ringelnatzgedicht.

Robert Gernhardt **DER MÖRDERMARDER**			Kurt Rüdinger **EL MARTA MATÓN**
Der Mördermarder hockt vorm Bau,	8	9	El matamartas acechando,
der Marder ist vor Angst ganz blau.	8	9	el marta dentro ya temblando.
Er weiß, dass ihm vor seinem Tod	8	9	Presiente antes de su muerte
die Qual der Mardermarter droht,	8	10	el martirio marta – mala suerte.
Wenn er nicht kurzentschlossen handelt,	9	11	Si no el ánimo se le despierta,
sich kühn zum Martermarder wandelt	9	11	pa que en marta mártir se convierta
und marternd dem entgegenspringt,	8	9	y con martirio se defiende
der mordend in sein Reich eindringt.	8	10	contra quien con muerte lo ofende
Gedacht , getan, er hüpft ans Licht,	8	9	Dicho y hecho, salta fuera,
der Mardermörder sieht das nicht,	8	9	el matamartas no se entera,
da er sich, scheinbar unbemerkt,	8	11	porque escondido y vistas hacia

grad für die Mardermarter stärkt.	8	10	el martirio marta ya se sacia.
Der Martermarder zählt bis vier,	8	9	El marta mártir recontando,
der Mardermörder trinkt ein Bier.	8	9	el matamartas aún tomando.
Der Mardermörder beißt ins Brot,	8	11	El matamartas come un bocata,
der Mördermarder beißt ihn tot.	8	11	el marta matón coge y lo mata.

Gernhardt (1996: 22)

3.3 Christian Morgenstern – "Das ästhetische Wiesel"

Morgensterns ästhetisches Wiesel ist vielleicht das Paradebeispiel für ein extrem formbetontes Gedicht, man könnte fast sagen ein metalyrisches Werk, das sich selbst permanent auf die abstruseste Weise zum Reimen zwingt und dies letztlich auch als seinen eigentlichen Daseinszweck ausgibt – alles geschieht hier um des Reimes Willen! Diesem Kernanspruch des Originals zu genügen ist zunächst keine leichte Aufgabe. Wieder ist es ein glücklicher Umstand, dass mit *hurón – guijarrón – chaparrón* eine semantisch-formal nahe Entsprechung zu *Wiesel – Kiesel – Bachgeriesel* den Einstieg erleichtert. Im weiteren Verlauf ist allerdings allerhand an Sprachverbiegung notwendig um dem Diskursverlauf des Originals in inhaltlicher und formaler Hinsicht nahezukommen. Mit nur einer metrischen Abweichung (Vers 8 und 9) erwies sich die Aufgabe als machbar. Die kleinen lexikosemantischen Inkronguenzen erachten wir als notwendige Opfer für den Gesamteindruck des gequält erzwungenen Reimgedichts. Geht man davon aus, dass der gesamte lyrische Diskurs nur dazu diente sich in dieser Weise selbst zu thematisieren, wäre damit dann immerhin ein Kernanliegen des Gedichts zielsprachlich reproduziert worden.

8

Christian Morgenstern			Kurt Rüdinger
DAS ÄSTHETISCHE WIESEL			**EL HURÓN ESTÉTICO**
Ein Wiesel	A(3)	A(6[3])	[Érase] un hurón
saß auf einem Kiesel	A(6)	A(8)	sentado en un guijarrón
inmitten Bachgeriesel.	A(7)	A(8)	en medio de un chaparrón
Wisst ihr,	B(2)	B(3)	¿Qué debió
weshalb?	C(2)	C(6)	de ser su desear?
Das Mondkalb	C(3)	C(6)	El becerro lunar
verriet es mir	B(4)	B(4)	me lo chivó
im Stillen:	D(3)	D(4)	con discreción:
Das raffinier-	B(4)	E(3)	Se estima
te Tier	B(2)	E(3)	la rima
tats um des Reimes willen.	D(7)	D(8)	como su principal razón.

Morgenstern (1972: 42)

3.4 Heinz Erhardt – "Der Kabeljau"

Mit den Gedichten von Heinz Erhardt hat es so seine eigene Bewandtnis: Auf den ersten Blick wirken sie ungeheuer einfach, simpel, nahezu infantil, "aus dem Ärmel geschüttelt" wie man auch sagen würde. Dieser erste Eindruck täuscht allerdings gewaltig, was man spätestens dann merkt, wenn man übersetzerisch Hand an eines dieser vermeintliche Kindergedichte für Große legen will. Wortspiele, Assonanzen und Polysemien der verrücktesten Sorte geben sich da die Hand und lassen einen schon im ersten Vierzeiler verzweifeln.[3] Mit dem "Kabeljau" haben wir eines der weniger wortspieldurchsetzten Gedichte Erhardts in Hinblick auf Übersetzbarkeit in Augenschein genommen. Doch auch hier gleich das Eingangsproblem: Was reimt im Spanischen eigentlich auf "bacalau" und passt zusätzlich noch in den angestrebten Diskurs. Dann plötzlich die Erinnerung ans Katalanische wo "blau" auch "blau" heißt, nur unangenehmerweise der "bacalau" mit "bacallà denotiert wird. Dann noch ein Versuch: "El mar es blau, el mar es pla, en mig hi ha un bacallà." Nicht

---

[3] Man denke dabei z.B. an das berühmte Erhardt-Gedicht "Die Made"

hundertprozentig wörtlich, aber nahe an der Erhardtschen Realität und ein echter Zweizeiler. Langsam nimmt so die Idee Gestalt an, es einmal mit Katalanisch zu probieren, wenn es schon mit dem Spanischen nicht klappt. Letzten Endes könnte eine entsprechend in einer Fußnote deglossierte katalanische Übersetzung dem hispanophonen Leser ein affineres Klangerlebnis bescheren als der Blick auf das völlig unverständliche Original. Kleinere lexikosemantische Opfer waren auch hier unumgänglich, aber der lapidar gehaltene Rahmen des Vorher-Nachher und das, was zu dieser Veränderung geführt hat, ist einigermaßen originalgetreu und nahezu silbenrein wiedergegeben. Die Frage bleibt natürlich, ob diese Methode, in eine zielsprachenaffine Brückensprache zu übersetzen, mehr als eine gewagte Ausnahme sein kann.

Heinz Erhardt			Kurt Rüdinger
DER KABELJAU			**EL BACALLÀ**
Das Meer ist weit, das Meer ist blau,	8	8	El mar és blau, el mar és pla,
im Wasser schwimmt ein Kabeljau.	8	8	En mig hi ha un bacallà.
Da kommt ein Hai von ungefähr,	8	8	Un gran tauró va arribant,
ich glaub von links, ich weiß nicht mehr,	8	9	d' esquerra, crec, no és important.
verschluckt den Fisch mit Haut und Haar,	8	8	Devora el peix sens pietat,
das ist zwar traurig, aber wahr…	8	8	és trist, mes pura veritat…
Das Meer ist weit, das Meer ist blau,	8	8	El mar és blau, el mar és pla,
im Wasser schwimmt kein Kabeljau.	8	8	En mig no hi ha cap bacallà.[4]

Erhardt (1984: 67)

---

[4] Die begleitende, natürlich nicht poetische, spanische Version dazu wäre:
El mar es azul, el mar es llano. En medio hay un bacalau.
Un gran tiburón va llegando, de la izquierda, creo, no es importante.
Devora el pez sin piedad, es triste, mas pura verdad.
El mar es azul, el mar es llano.En medio no hay ningún bacalau.

4. Schlussfolgerungen

Von dem skizzierten anthologischen Ansatz her lässt sich gewiss noch weiteres übersetzbares Belegmaterial für deutschen lyrischen Humor finden, das dementsprechend *pars pro toto* eine interkulturelle Zugänglichkeit zu dieser wichtigen Quelle deutschen Denkens und Kunstschaffens zur realen Option werden lässt. Eine Ausweitung auf weitere, teilweise schon erwähnte Autoren und ein größeres Korpus übersetzter Texte wäre gerade im Bemühen um immer authentischere Mentalitätsdarstellungen[5] eine interesante und verdienstvolle Aufgabe. In diesem Sinne versteht sich die vorliegende Arbeit nur als erster Spatenstich, als Nachweis, dass und wie gegebenenfalls Spaßlyrikübertragungen aus dem Deutschen möglich sind.

---

[5] Natürlich schlummert nicht in jedem Deutschen ein kleiner Loriot oder Heinz Erhardt. Die ungebrochene Popularität, derer sich diese und andere Autoren teilweise noch viele Jahre nach ihrem Tod erfreuen, ist allerdings ein deutlicher Hinweis, dass eben längst nicht jeder Deutsche zum Lachen in den Keller geht.

5. Bibliographie

Erhardt, H. (1984): *Das große Heinz Erhardt Buch*. München: Goldmann Verlag.

Gernhardt, R. (1996): *Wörtersee. Gedichte*. Frankfurt/M: Fischer Verlag.

Gernhardt, R./Zehrer, K. Z. (2004): *Hell und schnell. 555 komische Gedichte aus 5 Jahrhunderten*. Frankfurt/M.: Fischer Verlag.

Koller, W. (1992): *Einführung in die Übersetzungswissenschaft*. 4.Aufl. Heidelberg; Wiesbaden: Quelle und Meyer.

Morgenstern, C. (1972): *Alle Galgenlieder*. Frankfurt/M.: Insel Taschenbuch.

Ortega y Gasset, J. (1987): *Miseria y Esplendor de la Traducción*. München: Dtv 9123.

Reiß, K. (2000): *Grundfragen der Übersetzungswissenschaft. Wiener Vorlesungen*. Wien: Universitätsverlag.

Ringelnatz, J. (1912): *Die Schnupftabaksdose. Stumpfsinn in Versen und Bildern*.

Rüdinger, K. (2005): "Traición en la Traducción Literaria - ¿Error Común o Sacrificio Productivo" in: *Philologia Hispalensis; Vol. XIX/2*. Sevilla: Philologische Fakultät der Universität von Sevilla. 173-186.

Stolze, R. (2005): *Übersetzungstheorien. Eine Einführung*. 4. Aufl. Tübingen Gunter Narr Verlag.